AF357422

ÉLÉMENS
DE LA LANGUE
DES
CELTES GOMÉRITES,
OU BRETONS:
INTRODUCTION
A CETTE LANGUE
ET PAR ELLE À CELLES DE TOUS LES PEUPLES CONNUS.

Non sunt loquelæ neque sermones, in quibus non audiantur voces eorum.

Psalm. 18.

---

par M^r. LE BRIGANT,
Avocat à Tréguier.

❖❖❖❖❖❖❖❖❖❖❖❖❖❖❖❖

A STRASBOURG

Chez LORENZ & SCHOULER, Impr^{rs}. de la Nobl.
1779.

A MONSIEUR

OBERLIN

PROFESSEUR EN L'UNIVERSITÉ DE STRASBOURG.

MONSIEUR,

JE dois au savant Monsieur de Servieres, plein de Bienveillance pour moi, l'honneur de votre connoissance, & les marques de l'estime, que vous avés bien voulu m'accorder ; je ne pourrois vous prouver mieux, combien je la prise, qu'en vous adressant ce morceau comme une branche détachée de mon grand arbre, avant que le reste puisse être présenté. Recevez-le donc, & conservez-moi des sen-

timens, dont je connois tout le prix,
& desquels je serai toujours flatté.

Votre gout pour l'étude des langues, votre zèle pour le progrès
des sciences, dont elles sont la clef,
& vos travaux pour la découvrir,
meritent sans difficulté, que l'on fasse
pour vous quelque chose de bien propre à faciliter cette étude, & à l'a-
bréger.

Je suis avec tous les sentimens, qui
vous sont dus, & qui de ma part
sont marqués au coin de l'amitié &
de la franchise,

MONSIEUR,

A Tréguier en Bretagne
ce 10. Septembre 1779.

Votre obéïssant serviteur
LE BRIGANT.

AVANT-PROPOS.

DEPUIS le regne de notre bon Roi LOUIS XVI, que Dieu veuille conferver, & bénir, on a pris du gout pour la *Bretagne*, & pour *les Bretons*; il eft très-vraifemblable, qu'on en prendroit également pour la langue de cette nation antique, fi, à l'égard de bien des perfonnes, elle n'étoit dans le cas du proverbe Latin qui dit : *Ignoti nulla cupido.*

L'on n'aime pas ce qu'on ne connoit point.

C'eft dans l'intention de donner quelque peu de *cette connoiffance*, qu'on met au jour ce morceau détaché de *la découverte* de la *langue primitive* par des confidérations particulières pour des personnes, qui les méritent bien.

Comme il fait partie d'un ouvrage beaucoup plus confidérable, on le leur offre comme un *avant-gout*, dans lequel, nonobftant fa briéveté, chacun trouvera les principes de fa *propre langue*, quelle qu'elle puiffe ètre, qui ne s'eft écartée de la premiére que par le mélange, ou le dérangement des mots, ou des fons, qui les compofent, par leurs tournure irréguliere, & leur altération.

Quant à la connoiffance de *cette langue*, il n'avoit jufqu'à préfent guères été poffible de fe la procurer. En effet on ne connoit que trois effais de Grammaires fur la langue *des Bretons*. Les deux premiers de la dialecte Galloife, l'un imprimé en 1592, & l'autre de *Jean Daviés*, imprimé à Londres en 1621 ; le troifième des quatres dialectes *Armoricaines* du père Grégoire de *Roftrenen Capucin*, & imprimé à Rennes en Bretagne en 1738.

On a dit *Effais*, car il s'en faut de beaucoup, qu'aucun de ces ouvrages foit ce qui peut être nommé *Grammaire*, ou *Inſtitutions*.

En effet aucun de ces auteurs n'a connu les verbes *è*, il eſt, & *à*, il va; les ſources, & les principes de ce qu'on appelle *Verbe* dans le langage humain. Cependant ſans la connoiſſance parfaite de ces deux verbes il eſt impoſſible de rien dire de certain & d'exact ſur la conjugaiſon. C'eſt ce dont on ſera convaincu, lorſqu'on aura lu ce qui la concerne dans cet abrégé.

Si en liſant la jolie traduction faite par Mr. *Genet*, fils, des Recherches de Mr. *Nils Idman* ſur la langue des *Finnois* ou Finlandois, on n'a pas été peu ſurpris de voir, comment le mot *olén*, qui en Celtique ſignifie du ſel, s'eſt gliſſé dans la conjugaiſon Finnoiſe *olén rakaſtava*, *olén tuléva*, on ne l'a pas été moins en voiant comment *le diable* s'eſt fourré à l'Optatif dans les Conjugaiſons du *Capucin Breton*, *ayoul ne viſés*, *ayoul ne viſé*, diable que tu fuſſes & ainſi du reſte.

A 4

Comme il eſt permis, à ce que l'on croit, à une perſonne, qui a droit dans un terrain, d'en arracher *les ronces*, on va tirer celles, qui embarraſſoient dans l'étude de cette langue des *Gomérites nos pères*; ce monument *le plus admirable* de tous ceux qui eurent rapport à l'humanité, & qui malgré la révolution des ſiècles, les ravages du tems, le bouleverſement des nations, & les efforts des hommes pour l'anéantir & le détruire, ſe retrouve encore dans ſa pureté originelle, inaltérable & dans ſon intégrité. C'eſt une grace de plus à rendre au Dieu de cette nation antique, BELATUKADRE, *Dieu des Brigantes*, à la lettre, *l'être ſuprème qui conſerve l'univers.*

ÉLÉMENS SUCCINTS
DE LA LANGUE
DES
GOMÉRITES OU BRETONS.

CETTE langue, qui avant le mélange des nations *furvenues*, étoit celle de toute l'Europe, à prendre depuis le Cap-Finisterrae nommé *Aré ta Bro*, c'eft-à-dire, *encore ton païs*, jufqu'à l'Hellefpont, eft celle des Celtes Gomérites, Gombrites ou Bretons; c'eft ce *Gomérach* antique exiftant encore dans l'isle Britannique, & confervé plus pur dans la Bretagne *Armorique* au continent oppofé.

Elle eft d'abord fimple & concife, facile & fans embarras, ayant feule en entier ce que les autres langues n'ont qu'en parties, & réuniffant tout ce qui eft néceffaire pour la perfection du difcours ou langage humain. Soit qu'elle fe parle, ou qu'elle s'écrive, elle ne confifte qu'en deux chofes, les *racines*, ou les

A 5

mots fimples, & les *compofés*, ou dérivés des mots radicaux.

Ces mots ne font encore que de deux efpèces, le nom qui défigne la chofe, & le verbe, qui marque fa façon d'exifter.

Ce nom n'eft également que de deux fortes, le Subftantif, qui fait connoître la chofe, & l'Adjectif qui marque fa qualité.

C'eft dans les noms que fe trouvent les racines du Verbe; ils paroiffent antérieurs & formés les premiers. Le fimple dans l'ordre de la nature paroit devoir être le père du compofé.

ARTICLE I.

DU NOM.

L'ufage du Nom dans la langue Bretonne eft d'une extrême facilité, par la raifon qu'il ne change ou ne fe décline, favoir le Subftantif que du Mafculin au Féminin, du Singulier au Plurier, & du Pofitif au Diminutif; & le nom Adjectif feulement du Pofitif aux cinq degrés de Comparaifon.

Pour le Subftantif, des articles très-courts marquent d'une façon invariable les cas différens, & ne caufent aucune confufion.

Singulier.	*Plurier.*	*Diminutif.*
ar pénn, la tête ;	*ar pénno* ;	*ar pénnig*, la petite tête.

Voilà toute la Déclinaison; de petites particules, qui précédent l'article, désignent les cas de la manière qui suit:

ar pénn, la tête, Nominatif & Accusatif.

euz ar pénn, de la tête, Genitif.

dàr pénn, à la tête, Datif, &

dré ar pénn, par la tête, Ablatif.

C'est la même chose pour les autres terminaisons au Plurier, & au Diminutif; rien n'est changé de l'essence du mot ou de la racine; une syllabe particulière distingue invariablement chaque espèce de dérivés.

Au surplus ces articles ne sont guères nombreux, ils se reduisent à six, qui sont *ar*, *an* & *al*, qui au Singulier comme au Plurier, au Masculin comme au Féminin, font les fonctions des *le*, *la*, *les* françois.

Les trois autres sont *eur*, *eul* & *eun*, encore ceux-ci ne sont ils que le premier des noms de nombres, celui qui désigne l'unité, *eur pénn*, une tête, *eun dén* un homme, *eul loa*, une cuillier.

Le nom Adjectif est indéclinable; il est le même que l'Adverbe; & il ne change tout comme lui que pour les cinq degrés de comparaison, comme on le voit ici.

just, Positif, juste françois, & justus latin.

justig, Diminutif, un peu juste.

justoh, Comparatif, plus juste.

4

juftan, Superlatif, le plus jufte.
jufted, Admiratif, qu'il eft jufte!

Les noms Subftantifs feuls font de différens genres, & ceux-ci ne font qu'au nombre de deux, le Mafculin & le Féminin.

De tous les noms de nombres, qui font auffi indéclinables, le fecond, le troifième & le quatrième font de deux genres. Ils prennent conftamment, comme tous les autres noms de leur efpèce, les Subftantifs au Singulier ; ainfi on dit : *daou dén*, deux hommes ; *div loa*, deux cuilliers ; *taer Ꝛun*, trois femaines ; *tri mis*, trois mois, & *dég dé*, dix jours.

La fingularité de ces trois noms *daou*, & *div*, *tri* & *taer*, *pedvoar* & *péder*, fignifiant deux, trois & quatre, & le double genre, dont ils font pourvus, opérent de la façon la plus commode la diftinction des genres pour les noms Subftantifs. Le premier de chacun d'eux appliqué à ces noms défigne le plus fûrement le Mafculin, & le fecond le Féminin, *daou tri*, ou *péd voar dé*, deux, trois ou quatre jours, *div*, *taer*, ou *péder nos*, deux, trois où quatre nuits, & ainfi des autres mots.

ARTICLE II.

DU PRONOM.

Celui-ci, qui n'eft qu'un petit nom, qui fert à remplacer l'autre, & qui fe nomme en

Celtique *rd anon*, qui fait nom, ou qui le fub-
ftitue, ne fe décline guères plus que ce même nom.

Il fouffre cependant, fur-tout le Pronom perfonnel, quelque changement, & il eft trop ef-
fentiel pour qu'on manque de l'obferver.

Première perfonne. Singulier.

Nominatif. *mé, anon, on, in,* moi.
Génitif. *ahanon, dianin, diouzin,* de moi.
Datif. *din, din mé,* à moi.
Accufatif. *anon, am,* moi.
Ablatif. *drè on, dreiz on,* par moi.

Première perfonne. Plurier.

Nominatif. *ni, omp, imp,* nous.
Génitif. *ahanomp, dianimp, diouz imp,* de nous.
Datif. *dimp & dimpni,* à nous.
Accufatif. *anomp, omp,* nous.
Ablatif. *dré omp, dreiz omp,* par nous.

Seconde perfonne. Singulier.

Nominatif. *té, out, id,* toi.
Génitif. *diouzid, ahanout,* de toi.
Datif. *did, didé,* à toi.
Accufatif. *an out, as,* toi.
Ablatif. *dré out, dreiz out,* par toi.

Seconde perfonne. Plurier.

Nominatif. *houi, oh,* vous.

Génitif.   *diouʒoh, diouʒah, ahanoh,* de vous.
Datif.   *dah, dahoui,*   à vous.
Accufatif.   *anoh, ho,*   vous.
Ablatif.   *drè oh, dreiʒ oh,*   par vous.

Il faut obferver, que les feconds de tous ces Pronoms ne font autre chofe, que les fix perfonnes du préfent de l'Indicatif du Verbe Subftantif *étre,* que l'on verra ci-après *an on,* le moi qui fuis, *an out,* le toi qui ès, *an omp,* les nous qui fommes, *an oh,* les vous qui étes, & ainfi des deux autres.

Troifième perfonne. Singulier.

Nominatif.   *èn, èan,* lui, il, elle.
Génitif.   *an èan, an ei,* de lui, d'elle.
Datif.   *dèan,* à lui, *dèi,* à elle.
Accufatif.   *an èan,* lui, *an ei,* elle.
Ablatif.   *drè an,* par lui, *dréhè,* par elle.
            drè ai, dreiʒ ai.

Troifième perfonne. Plurier.

Nominatif.   *i, ai,*   eux, elles.
Génitif.   *an ai, diout ai,*   d'eux.
Datif.   *dai,*   à eux.
Accufatif.   *an ai,*   eux, elles.
Ablatif.   *dré ai, dreiʒ ai,*   par elles.

Le Pronom particulier de la troifième perfonne *fe,* foi, s'exprime en Breton par *eun, en eun lahan,* fe tuer, & c'eft le même mot qui exprime le Gérondif en *do* latin, *en eun lahan,* en

tuant; le pronom, le nom propre ou le mot
è un an, lui même, qu'on ajoute dans ce cas,
fert à faire la différence & la diftinction.

Les pronoms poffeffifs *ma* & *ta*, les mêmes
que les françois ont pour féminins, dans les
deux genres, dans les deux nombres, & dans
tous les cas fignifient fans variation ni mélange ce qui eft à moi, & ce qui eft à toi.

ma ʒad,   *ma mam*,   *ma ʒado*,   *ma mamo*.
mon père, & ma mère, mes pères & mes mères.
L'autre pronom *ta* fait exactement la même
chofe.

Onn & *hor* en Léon expriment notre, dans
les deux nombres: *ho*, votre & votres, & *ò*,
leur, comme leurs; *hè* le fien, à lui, ou à elle,
fon, fien & leur, au Singulier tout comme au
Plurier.

Les pronoms démonftratifs, qui ne font pas
moins fimples, font *ʒé*, ce, celle.
èman, celui-ci,   *oman*, celle-là.
ènneʒ, celui-là,   *onneʒ*, celle-là.
ennont, celui-là,   *onnont*, celle-là.
ar èman, ceux-ci, *ar èont*, ceux-là, aux 2. genres.

Enfin le pronom relatif *a*, qui exprime le
que relatif, tout comme le *que* retranché ou
adverbe: *an ini à lar*, celui qui dit, *mé lar*
à laro, je dis qu'il dira.

Le pronom interrogatif eft *piv*. qui, & *pé* &
peʒ. *pé ini*. lequel, laquelle; *pé tra*. qu'elle

chofe ? *pez loén*, quelle bête ? *pé léh*, quel lieu ?
ou en quel lieu ?

Les noms de nombre ne font pas plus em-
barraſſants ; le premier, qu'on a obſervé en par-
lant des articles a trois terminaiſons ſuivant
la lettre qui commence le mot qui ſuit : *eur*,
eul & *eun*. Les trois autres nombres ſuivans,
deux, trois & quatre, ſont des deux genres,
& ont pour chacun une terminaiſon différente ;
on en a détaillé la raiſon. L'on va mettre de
ſuite ces nombres ſans autre obſervation, at-
tendu qu'ils n'en exigent aucunement.

eun & *eunan*, un.	*euneg*, onze.
daou & *div*, deux.	*daouzeg*, douze.
tri & *taer*, trois.	*trizeg*, treize.
pedvoar, *pèder*, quatre.	*pevoarzeg*, quatorze.
pemp, cinq.	*pemzeg*, quinze.
hoèh, ſix.	*hoezeg*, ſeize.
ſeiz, ſept.	*ſeiteg*, dix-ſept.
eiz, huit.	*eiteg*, dix-huit.
nav, neuf.	*naonteg*, dix-neuf.
dég, dix.	*uguent*, vingt.
trégont, 30.	*daou tri*, *uguent*, 40. 60.
cant, 100.	*mil*, 1000.
dég mil, 10000.	*cant mil*, 100 mille.

Ce que l'on vient d'expoſer a rapport au nom
de quelque eſpèce qu'il ſoit, & en donne les
notions ſuffiſantes tant pour le ſubſtantif que

pour

pour l'Adjectif, pour les pronoms que pour les noms de nombre.

Les autres mots, par lefquels dans tant de Grammaires on a augmenté inutilement le nom-bre des *parties du difcours*, quoi qu'en effet il n'y en ait que deux, qui les comprennent toutes, qui font le *Nom* & le *Verbe*, favoir l'article, la prépofition, la conjonction, l'in-terjection, & le participe, n'exigent aucune explication. En effet ces mots s'emploient dans le difcours tels qu'ils fe trouvent dans les lexi-ques ou dictionnaires.

Les livres de ce genre pour la langue, dont il s'agit, font au nombre de huit ou de dix, qui ne font pas moins imparfaits, & qui n'ont pas moins befoin que les Grammaires d'être refon-dus, ou refaits. En en tirant les fautes & les er-reurs, & en y ajoutant ce qui leur manque, on en feroit *un*, qui pourroit fuffire & les remplacer tous.

ARTICLE III.

DU VERBE.

Le Verbe *vé ar bé*, ce qui eft l'exiftence, ou le mot qui fert à l'exprimer, ne fe retrouve encore dans aucune des langues connues auffi entier, & auffi complet que dans celle des Bretons.

Elle conserve seule cette *Conjugaison unique*, telle que la desiroient les auteurs de *l'Encyclopédie*, pourvue de tous les modes, les tems, les nombres & les personnes nécessaires pour la perfection de cette belle partie du discours. Elle est l'original, & le type de toutes les Conjugaisons des autres langues, qui en sont pourvues, & dans lesquelles on ne trouve la Conjugaison qu'imparfaite, chargée d'inutilités ou d'altérations.

Cette Conjugaison présentée elle même en apprendra plus que les raisons les plus amples, & les mieux détaillées. Elle se montre sous deux faces, qui semblent différentes, mais qui cependant ne sont que la même Conjugaison.

La première, la plus simple & la plus aisée, est *l'impersonnelle*, c'est-à-dire celle, où la même Terminaison du Verbe, qui est celle de la troisième personne du singulier de chaque tems, fait avec le pronom de chaque nombre & de chaque personne la Conjugaison la plus briève, & la plus expéditive, qu'il soit possible d'imaginer.

Avant de passer outre il est indispensable d'observer, que les deux Verbes *é*, il est, & *à*, il va, sont le fondement & la base de tout verbe existant dans le langage humain. On va donc les poser en cet endroit.

Indicatif.   *Préſent.*

mé	}		moi		*mé*	}	moi
té	} *é*,	toi	} eſt.	*te*	} *à*,	toi } va.
én	}	lui		*én*	}	lui
ni	}	nous		*ni*	}	nous
houi	} *é*,	vous	} eſt.	*houi*	} *à*,	vous } va.
i	}	eux		*i*	}	eux

L'on voit, que *é* d'un côté pour toutes les perſonnes & *à* de l'autre font toute l'opération ſans avoir beſoin d'aucun autre ſecours.

L'imparfait ſuit également avec les ſix mêmes perſonnes, aux qu'elles on joint, au lieu de *è* & *à* du préſent, pour l'Imparfait *boa*, ou *voa*, & *ai* pour l'aoriſte *boé*, *voé* ou *foé* & *as*, il alla.

Au Futur de l'Indicatif à la même troiſième perſonne *bo*, *vo* ou *fo*, fera, & *ao* ira.

A l'Imparfait de l'Optatif *bijé* ou *vijé*, fût, & du Verbe aller, *ajé*, allât.

A l'Imparfait du Subjonctif *bé*, *vé* ou *fé*, feroit, & *afé*, iroit.

À l'Infinitif *bèan*, être, & *aan* ou *mont*, aller, *bét*, été, & *ét*, allé, participe unique, & modele de tous les Participes paſſés comme l'expriment ces deux monoſyllabes dérivés l'un de l'autre *ét*, allé, & *bét*, ou *bé ét*, qui eſt allé, qui a été, qui eſt paſſé.

L'on obſerve ici, que dans le Verbe *être*, comme dans tous les autres, le Verbe *à*, il va, eſt ſous-entendu, quand il n'eſt pas exprimé.

C'eſt ce qui ramène la Conjugaiſon à la même ſimplicité, & qui fait que ce n'eſt toujours que la racine jointe avec le Verbe *aller*, duquel on va mettre la ſuite ſur le mode perſonnel ou complet. Ainſi donc, quand on dit *mè à ped doué*, ou *péd an doué*, on exprime en l'une & l'autre manière, *je vais priant Dieu.*

ARTICLE IV.
LE VERBE AVEC LES PERSONNES.

Indicatif Préſent.

on,	je ſuis.	*an*,	je vais.
out,	tu ès.	*es*,	tu vas.
è,	il eſt.	*a*,	il va.
omp,	nous ſommes.	*eomp*,	nous allons.
oh,	vous étes.	*et*,	vous allés.
int,	ils ſont.	*éont*,	ils vont.

Imparfait.

boann,	j'étois.	*énn*,	j'allois.
boas,	tu étois.	*és*,	tu allois.
boa,	il étoit.	*ai*,	il alloit.
boamp ou *voamp*,	nous étions.	*emp*,	nous allions.
boah ou *voah*,	vous étiés.	*èh*,	vous alliés.
boant ou *voant*,	ils étoient.	*ènt*,	ils alloient.

Il faut remarquer ici, que le *b* & le *v* conſonne ſe mettent l'un à la place de l'autre pour l'adouciſſement de la prononciation, ainſi qu'on ſera obligé de le faire encore obſerver.

Aoriste.

boènn ou *voènn*, je fus. *is*, j'allai.
boès ou *voès*, tu fus. *éjout*, tu allas.
boè ou *voè*, il fut. *as*, il alla.
boemp, nous fûmes. *éjomp*, n. allâmes.
boèh, vous fûtes. *éjoh*, vous allâtes.
boent, ils furent. *éjont*, ils allerent.

Tous les tems paſſés, à l'exception de celui-ci, ne ſont autre choſe que le Participe joint avec le préſent, les trois imparfaits & le futur. Comme *on bét* ou *ét*, je ſuis été ou je ſuis allé.

Voann, *vijénn* & *vénn*, *bét* ou *ét*, j'étois, je fuſſe, ou je ſerois été, ou allé.

Et pour le Futur *bin* ou *vin* ; *bét* ou *ét*, je ferai été, ou allé, ce qui ſe fait d'une façon invariable, qui ne donne ni peine ni embarras.

Indicatif Futur.

bin ou *vin*, je ferai. *in*, j'irai.
bi ou *vi*, tu feras. *i*, tu iras.
bo ou *vo* il fera. *ao*, il ira.
béfomp, nous ferons. *effomp*, nous irons.
béfet, vous ferés. *effet*, vous irés.
béoint, ils feront. *éoint*, ils iront.

Impératif.

bè, fois. *à* & *kè*, va.
bèet, qu'il foit. *eet*, qu'il aille.
bèomp, foyons. *èomp* & *demp*, allons.
bèhet, foyés. *èt*, allés.
bèdont, qu'ils foient. *èdont*, qu'ils aillent.

Optatif imparfait.

bijenn, je fuſſe.	*ajenn*, j'allaſſe.
bijès, tu fuſſes.	*ajès*, tu allaſſes.
bijè, il fût.	*ajè*, il allât.
bijemp, nous fuſſions.	*ajemp*, nous allaſſions.
bijèh, vous fuſſiés.	*ajèh*, vous allaſſiés.
bijent, ils fuſſent.	*ajent*, ils allaſſent.

Subjonctif imparfait.

bénn ou *vènn*, je ſerois.	*afènn*, j'irois.
bès ou *vès*, tu ſerois.	*afès*, tu irois.
bè ou *vè*, il ſeroit.	*afè*, il iroit.
bèmp ou *vemp*, nous ſerions.	*afemp*, nous irions.
bèh ou *vêh*, vous ſeriés.	*afèh*, vous iriés.
bent ou *vent*, ils ſeroient.	*afent*, ils iroient.

Enfin le précédent Participe *bèt*, été, & *èt*, allé, voilà tout le Verbe de part & d'autre, & toute la Conjugaiſon.

Les deux, comme on peut l'appercevoir, ſont réciproquement formés l'un de l'autre; ils ſont, comme on l'a dit, le *prototype* de toutes les Conjugaiſons des autres langues connuës, & le Verbe *aller* ſeul eſt celui de cette même Conjugaiſon chez les Bretons.

Elle ſe forme donc de la maniere la plus ſimple en ajoutant au mot radical, quel qu'il ſoit, la ſyllabe ſeule, qui fait le Verbe aller dans les tems, où il n'en a qu'une, & la derniere ſyllabe dans ceux, où il en a deux, comme *canan*, je chante ; *canin*, je chanterai ; *canjènn*, je chantaffe ; *canfenn*, je chanterois, & *canèt* pour le Participe de la même façon.

Le Paffif de tous les Verbes, fans en excepter aucun, n'eft autre chofe que ce Participe terminé en *èt* invariablement, & réuni au verbe *être* dans tous fes tems ; comme *canèt on*, je fuis chantê ; *canèt è vin*, je ferai chanté, & *vijenn*, ou *vènn*, & autres fans différence, ni diftinction.

En paffant on peut obferver encore, que ce préfent de l'Indicatif Paffif fe conjugue également en mettant avec les fix pronoms perfonnels au lieu de *è* le mot *ʒo*, comme *me ʒo*, *té ʒo canèt*, *ni* ou *i ʒo canet*, moi ou toi, nous ou eux fommes chantés.

Le même Verbe, ce qui ne fe voit encore dans aucune autre langue connue, a des termes particuliers pour exprimer à chaque tems, & à chaque mode la particule *on*. Ils font trop réguliers & trop énergiques, pour qu'on les omette ici.

boar ou *voar*, on eft.	*èr*, on va.
boad ou *voad*, on étoit.	*èd*, on alloit.
boèd ou *voèd*, on fût.	*èjed*, on fût allé.
boer ou *voer*, on fera.	*aèr*, on ira.
bijed, *vijèd*, on fût.	*ajèd*, on allât.
bèd ou *ved*, on feroit.	*afed*, *aed*, on iroit.

Ces dernières fyllabes du Verbe aller dans la même langue fe joignent également avec les

racines des autres Verbes pour exprimer la
même particule *on*: *caner*, on chante ; *tenner*,
on tire ; *lenner*, on lit.

En ajoutant à préfent le Verbe avoir, qui en
Breton n'eft autre que *eufs*, le même que j'eus,
tu eus, en françois, on poffède la conjugaifon
complete & entière, fuffifante pour exprimer
tous les tems néceffaires, & toute efpèce de
modification.

Elle fe fait donc ici avec les mêmes pronoms
perfonnels, & après le préfent de l'Indicatif.
Les autres tems ne font que ceux du Verbe
être très reconnoiffables & très legèrement
changés.

Le Verbe avoir.
Indicatif.

Préfent.	*Imparfait.*
mè ammeufs, j'ai.	*mèn emboa*, j'avois.
tè an eufs, tu as.	*tè afpoa*, tu avois.
èn an eufs, il à.	*èn an èvoa*, il avoît.
ni on eufs, nous avons.	*ni onnboa*, nous avions.
houi óheufs, vous avés.	*houi o poa*, vous aviés.
i od eufs, ils ont.	*i o dévoa*, ils avoient.

Aorifte.	*Futur.*
mè amboè, j'eus.	*mé ambo*, j'aurai.
tè an è foè, tu eus.	*tè an éfo*, tu auras.
èn an efoé, il eut.	*en an éfo*, il aura.
ni on evoé, nous eumes.	*ni onnbo*, nous aurons.
houi o poè, vous eutes.	*houi o po*, vous aurés.
i ò dévoè, ils eurent.	*i ò dèvo*, ils auront.

Imparfait.

Optatif.	Subjonctif.
mè ambijè, j'euſſe.	*mè ambè*, j'aurois.
tò an ijè, tu euſſes.	*tè aſpè*, tu aurois.
èn an ijè, il eût.	*èn an effè*, il auroit.
ni onn bijè, nous euſſions.	*nè onnbè*, nous aurions.
houi ò bijè, vous euſſiés.	*houi opè*, vous auriés.
i ò dijè, ils euſſent.	*i ò dèfè*, ils auroient.

Tous les autres tems, ſavoir le Parfait de l'Indicatif, les plusqueparfaits du même Indicatif, de l'Optatif, & du Subjonctif, ainſi que le Futur de ce dernier, ne ſont autre choſe, que les tems précédens répétés, à chacun deſquels on ajoute le Participe *bèt*, été, qui ſignifie alors eu: on en met ici l'exemple ſous les yeux.

bèt emmeuz, j'ai eu.	*bet emboa*, j'avois eu.
bèt embo, j'aurai eu.	*bèt embijè*, j'euſſe eu.
bet embè, j'aurois eu.	*bèan bèt*, avoir eu.

Pour former l'Interrogation l'on ajoute à la fin le même pronom, qui eſt au commencement *emmeuſs mè*, ai j'eu? *èteuſs tè*, as tu eu?

Tels ſont les trois agens, qui ſe réuniſſent pour compoſer le Verbe dans ſa perfection & ſon intégrité. C'eſt de cette réunion, qu'il réſulte & qu'il ſe forme, & ce qu'il y a de plus ſimple & en même tems de plus beau, c'eſt que dès lors qu'on eſt parvenu à conjuguer un verbe ſur ces exemples ou modeles, & à le former comme on là vu, l'on eſt ſurement au fait,

& l'on trouve tous les autres dans la même forme, & la même régularité.

Pour exprimer la particule *on* avec ce dernier Verbe, & dire en Breton on a, il faut fe fervir de l'Infinitif *béan*, le *to be* des Anglois, *bout* en la Cornouaille de France, & *bod* en Galles, avec la troifieme perfonne du Singulier de chaque tems.

bèan a zo, il y a.　　*bèan à voa*, il y avoit.

bèan à voè, il y eut.　　*bèan a vo*, il y aura.

Ainfi *bèan à vijè* & *a vè*, & pour les tems paffés *à vè bèt*, *à vijè*, *à vo bèt*, il y auroit, il y eut, il y aura eu.

C'eft ce qui tient lieu des autres mots deftinés à exprimer cette particule *on* dans les Verbes complets, & autres que le feul Verbe *étre*, ainfi qu'on la vu dans les pages précédentes après ce qui a été dit du Verbe paffif, qui n'eft autre que ce même Verbe *étre* réuni au Participe également obfervé.

ARTICLE V.
DE LA SYNTAXE.

Ce qui concerne cette partie, qui a rapport à l'arrangement ou à l'affemblage des mots dans la langue Bretonne, ne préfente ni plus d'embarras, ni plus de difficultés. Ce qu'on en dira donc peut fe réduire à quelques obfervations fuccinctes & peu chargées.

Ire OBSERVATION.

Il eſt ordinaire, & comme naturel en cette langue, que le nom Subſtantif ſoit employé avant l'Adjectif, comme pour faire ſentir, qu'il eſt plus important d'être aſſuré de l'objet ou de la choſe, que de ſa qualité & de ce qui eſt qu'accidentel. Ainſi l'on dit *eun dèn bras*, un grand homme, *tud munud*, gens petits au lieu de dire comme en François, ou en d'autres langues, un grand homme, de petites gens.

2e. OBSERVATION.

L'inverſion a lieu dans la même langue, ſans qu'elle y cauſe aucune équivoque, ou confuſion, *eul levr emmeuſs lennet* & *lennet emmeuſs eul levr* expriment également un livre j'ai lu, & j'ai lu un livre, c'eſt la même choſe & le même ſens.

3e. OBSERVATION.

De deux noms Subſtantifs, qui ſe ſuivent ſans aucun article, le ſecond eſt toujours au génitif *pènn dèn*, tête d'homme, *or ti*, porte de maiſon, *marh dibr*, cheval de ſelle, & ainſi des autres. Quand on veut déſigner plus particulièrement, on ajoute l'article *dèn an ty*, l'homme de la maiſon; *potr à skient*, garçon d'eſprit.

4e. OBSERVATION.

Comme les Adjectifs, les Adverbes & les Participes ſont indéclinables, ils reſtent conſtam-

ment les mêmes, & ne donnent aucune pei
pour la concordance ou accord en genre,
nombre & en cas : *banko bras*, de grands banc
banno dôn, des quartiers enfoncés, *levro lenne*
des livres lus ; *armo collet*, des armes perdue

5e. OBSERVATION.

Deux noms Substantifs mis ensemble s'acc
dent en genre, en nombre & en cas, ai
goerhez à merzerez, vierge & martyre ; *goerhez*
à merzerezed, vierges & martyres au plurie
Tad clasker, père chercheur ; *tado claskerie*
pères chercheurs ou quéteurs.

6e. OBSERVATION.

Les Pronoms possessifs se mettent toujou
avant les Substantifs *ta dad*, ton père ; *m*
mam, ma mere ; *ma levr*, mon livre, & autre
de même espèce, & dans le même gout.

7e. OBSERVATION.

Les noms ordinaux tout comme les autre
noms de nombre se mettent aussi avant les Sub
stantifs comme *ar hentan dèn*, le premier hom
me ; *an eil verh*, la seconde fille ; *ar pempe*
tol, le cinquième coup ; ainsi *dèg dèn*, dix hom
mes ; *cant*, cent, & *mil*, mille, dans le mêm
ordre, & de la même façon.

8e. OBSERVATION.

Les noms Pluriers avant le Verbe prennen
celui-ci au premier mode, qui est l'imperfone

e qui le fait paroître au fingulier : *an évened
a gan*, les oifeaux qui chante ; *ar pefket à
lamp*, les poiffons qui faute, c'eft comme en
grec les animaux court.

9ᵉ. OBSERVATION.

Quand le Pronom eft au plurier à la place
du nom, il faut mettre le Verbe au même
nombre *mè gred à ganont*, je crois qu'ils chan-
tent ; *mé lar à rèdont*, je dis qu'ils courent.

10ᵉ. OBSERVATION.

Tous les Verbes exprimant une action ou faite
ou foufferte, lorfqu'ils ne font point au paffif,
demandent pour la plûpart le nom à l'Accufatif
mè a lènn eul levr, je lis un livre ; *mè à lar
eun dra*, je dis une chofe ; *èn à sko anon*, lui
me frappe, au furplus cet Accufatif n'eft dif-
férent du Nominatif, que pour les pronoms
perfonnels.

11ᵉ. OBSERVATION.

L'Ablatif abfolu des Latins fe rend en langue
Bretonne par la conjonction *pá*, lorfqu'il ne
s'exprime point par l'Infinitif ou le Participe.
Exemple: *ar blei lahet*, le loup tué ; *ar roué ó
chaffèal*, le roi à chaffer ou chaffant, ou *pá
chaffé ar roué*, lorfque le roi chaffe.

12ᵉ. OBSERVATION.

Dans les queftions de lieux les cas font dé-
terminés invariablement par la prépofition qui

précède, *chom en Breſt*, demeurer à Breſt ; *trémen dre' Rédon*, paſſer par Rhédon; *dont Baris*, venir de Paris, & *mont da Rom*, aller à Rome. C'eſt encore ce qui épargne bien des difficultés.

I3ᵉ. OBSERVATION.

Le que après le Comparatif s'exprime par la Conjonction *évit*, qui ſignifie pour, & qui eſt la même que la Conjonction *ut* des latins, *juſtoh évit an*, plus juſte que lui; *rontoh évit boul*, plus rond que boule.

Le même mot *évit* ſert également pour exprimer la Conjonction pour, & afin de, *évit ober*, pour faire; *Kent évit canan* avant que de chanter. Il reſte peu d'autres choſes à obſerver ſur cette partie, qui, comme on l'a déja dit, n'a guères de difficultés.

ARTICLE VI.

DE LA FORMATION DES DÉRIVÉS OU MOTS COMPOSÉS.

Rien n'eſt plus facile ni plus régulier encore dans la langue Bretonne, que la formation des dérivés. Elle ſe fait par l'addition d'une où de deux ſyllabes invariablement la même pour chaque eſpèce de mots. Elle ſe fait de deux manieres, en mettant pour la première la ſyllabe avant la racine ou à la tête du mot, ce qui a lieu pour les prépoſitions; la ſeconde en le mettant après ou à la fuite du mot radical.

La premiere formation a lieu pour les Verbes & pour quelques noms, à la racine desquels on ajoute une des prépofitions fuivantes.

Ad qui marque le redoublement ou la repetition de l'action, *adober*, adoperari, refaire, *adcanan*, adcinere, chanter encore ou rechanter, *adcoan*, reveillon ou fecond fouper, *adfaill*, rechute ou retomber.

Am défigne l'inexécution où le contraire de l'action, *amzent* désobéiffant, *amrén*, guider mal ou être en délire.

Di ou *dis* au devant d'une voyelle marque la deftruction ou l'oppofé de l'action, *difober*, défaire, *dibennan*, dététer, *difcar*, déjamber ou abattre.

Devant un Adjectif ou un Subftantif cette même prépofition *di* exprime la privation comme *diners*, qui eft le mot latin *iners*, fans force, & *dinam* fans défaut.

Ez ajouté à un Adjectif lui donne une fignification diminutive, par exemple: *ezvoen* blanchâtre, *ezvélen*, un peu jaune ou jaunâtre, & autres en petit nombre.

Kem particule, la même que le *cum* des latins, le *com* des françois, & le *fyn* grec, fignifiant avec, ajoutée à la racine du Verbe lui donne la fignification, qui eft défignée par ce mot *kemmesk*, mêler enfemble, *kember*, couler enfemble, la même chofe que le *Confluens* latin, & le *Coblenz* allemand.

La particule *per* eft la même que celle que les latins avoient prife pour marquer le complément ou la perfection de l'action, comme *perober*, peroperari, parfaire; *perlar*, perorer finir de dire ou de parler.

Des mots prétendus nouveaux ajoutés à la langue Bretonne dans des tems poftérieurs n'ont ni changé l'effence de cette langue, ni altéré le fond. Elle exifte dans fa force & fon génie antique indépendamment des additions; & même celles-ci font fi difparates, & fi faciles à diftinguer, que les moins favans les reconnoiffent fans grande application, & fans s'y tromper jamais.

La formation des mots par l'addition ou le changement d'une fyllabe à la fin fera d'autant plus aifée à montrer qu'en partie on l'a déja vue ci-devant. Dabord dans la formation des degrés de comparaifon, & enfuite dans la Conjugaifon du Verbe.

Ainfi donc un mot radical mis fous les yeux donnera fur cette partie des notions d'autant plus fures, que les fyllabes, qui fervent à former ces mots, font moins variables, & plus conftamment affectées chacune à fon efpèce en particulier.

On donne pour cet exemple le monofyllabe, tel que font toutes les racines, qui exprime le

mot

mòt filer. C'eft le mot *né*, le *ne*, *neo* des Latins, la racine de leur *aranea*, de notre araignée, de *l'A thé né* des Grecs, & de la *Minerva*
des Romains *mé né er vat*, je file bien, le nom
de l'inventrice de la filature, art fi fimple & fi
utile à la fois: *né* donc, file à l'Imperatif, ou fil,
car ici il eft Verbe à ce mode & à l'Indicatif,
& nom Subftantif en même tems.

à *né*, qui file, le Verbe fe forme, ainfi qu'on
l'a vu, en ajoutant à la racine le Verbe *an*,
je vais, avec tous fes tems, fes modes, &
fes perfonnes fans y rien changer.

néer, fileur; *néerien*, fileurs; *néereʒ*, *néereʒed*,
fileufe & fileufes; *néerig*, petit fileur; *néerefig*,
petite fileufe; *néach*, filage; *néadur*, filature;
nèad, filéee; *nèaden*, une filée; *néadenig*, une
petite filée; *nèadenno*, plurier, plufieurs filées,
nèadeg, fileries; *nèadego*, plurier, fileries; *nèus*,
que l'on file, & *nèapl*, filable ou qu'on peut
filer.

Ces deux derniers, comme les autres Adjectifs, font fufceptibles des degrés de comparaifon, *néufoh*, *néuſſan*, *néaploh*, *néaplan*,
néapled, plus filable, le plus filable, & ainfi
des autres.

On va de fuite mettre quelques autres fyllabes, qui ajoutées de la même maniere à la
fin des mots en forment conftamment de l'e-
fpece qu'elles défignent, fans qu'en les pre-

C

nant on courre aucun risque de se méprendre ou de se tromper.

La lettre *a* mise à la fin d'un nom Substantif forme un Verbe, qui signifie chercher ou aller prendre la chose signifiée par ce même nom; comme *pesket*, poissons; *pesketta*, pescher; *keunet*, du bois; *keuneta*, en aller chercher; *marhat*, marché; *marhata*, marchander.

La syllabe *ach* forme les noms, qui désignent un usage, ou une action comme *tomach* chauffure, ou incendie. Le même que le dommage en François, dans laquelle langue cette syllabe est rendue par *age*, tout comme en latin par *ago*, imago, plumbago, & autres.

La syllabe *al* à la fin de quelques autres mots forme l'Infinitif de certains Verbes, comme *danfal*, danser; *finval*, bouger, remuer. Ce mot *al* est le même que l'article, & cet article est encore le même mot que *al* autre, racine de l'*alius*, latin, & de l'*allos* des grecs, comme de l'*al* d'autres nations.

La syllabe *ans* forme plusieurs Substantifs, tels que ceux que l'on voit en François terminés en *ance*, & en latin en *antia* comme *jubans*, joie; *doujans*, crainte & autres.

La syllabe *eg* est la caractéristique des Substantifs possessifs comme *barveg*, qui a de la barbe, *bléveg*, qui a des cheveux, & ces mots désignent abondance ou quantité.

La syllabe *is* est la distinctive du nom des habitans d'un lieu, comme *kéris*, les habitans de la ville. *Tréguéris*, les habitans de Treguier; *Romis*, les habitans de Rome, & ainsi des autres.

La lettre *o*, qui est la finale de la troisieme personne au singulier du Futur de l'Indicatif, est aussi celle de plusieurs noms Substantifs au plurier, *penno*, des têtes, *tenno* des coups de machines de guerre ou d'armes à feu.

La syllabe *ard* à la fin des mots en forme d'une espece, qui désigne la qualité ou le défaut des personnes, & qui font les mêmes en françois avec que la même signification, comme *couard*, qui se cache, peureux; *canfard*, *glazard*, leur plurier est en *ed*, comme celui des noms féminins en *ez*, desquels font venus les mots *princesse*, *enchanteresse*, & autres de la même langue.

La syllabe *der* ajoutée à l'Adjectif forme un Substantif, qui désigne la même qualité, comme *felérder*, clarté; *tomder*, chaleur. Cette syllabe est rendue en François par *eur* comme chaleur, ou *té*, comme clarté.

Enfin les deux syllabes *eier* forment, en les mettant aussi à la fin des Substantifs pluriers, des mots d'une espece singuliere comme de *prad*, pré, *pradeier* des prairies; de *zoul* gled, *zouleier*, des champs de gleds; de *caul*, choux, *cauleier*, & autres semblables.

C 2

DES DIALECTES ET DE LA PRONONCIATION.

Les langues les moins étendues ont des dialectes différentes, qui ne font autre chofe, que l'ufage particulier de quelques mots, ou la différente maniere, dont ont prononce les fyllabes de la fin des mêmes mots.

La langue Celtique ancienne avoit, comme ont toutes les autres, plufieurs dialectes. La *Britanniene* en avoit elle même trois. La *Loègrienne*, la même que celle de notre continent, ou *l'Armoricaine*, la *Cambrienne* ou celle de Galles, & *l'Albanienne*, qui étoit *l'ancienne* Ecoffoife, la même que la langue *Erfe*, ou le Gallic d'aujourd'hui.

Le Breton *Armoricain* eft divifé actuellement, & depuis longtems, en quatre dialectes, qui font la *Trècoriene*, la plus briève, la plus pure, & la moins altérée ; la *Lèonarde*, ou celle de l'Evêché de St. Paul de Léon, plus langoureufe, & plus allongée ; la *Cornoualliere*, ou celle de l'Evêché de Quimper - Corentin ; & enfin la *Vannetaife*, la plus défigurée & la plus écartée de l'original.

Les pluriers les plus communs, qui en Tréguier fe terminent en *o*, fe prononcent en Léon
en *ou*, en Quimper en *au*, & en Vannes
en *eu*, comme *ʒam*, fomme, charge, *ʒamo*,
ʒamou, *ʒamau* & *ʒameu*; *skull*, ecuelle, *skullo*,
skullou, *skullau* & *skulleu*.

Les Infinitifs en *an*, & au *in* en Tréguier fe
prononcent en Léon en *a* & en *i*, en Cor-
nouailles ou en Quimper en *o*, & en Vannes en
ein, comme en grec & en *eign*. Exemple,
canan & *meulin* en Tréguier, chanter & louer;
en Léon *cana* & *meule* ; en Quimper *cano* &
meulo, & dans le diocefe de Vannes *canein*
& *meulein*, *caneign* & *meuleign*.

Les Subftantifs en *er* en Tréguier fe prononcent en Léon en *eur*, & en Quimper en *our*.
Cet *eur* eft la même finale que celle des François pour les noms de cette efpece terminés
en *or* en latin. *Caner* par exemple, qui fignifie le *cantor* latin, & le chanteur françois fe
prononce en Tréguier & en Vannes *caner*, en
Léon *caneur*, & en Quimper *canour*.

Cette fyllabe *our*, fuivant toutes les appa-
rences, eft la même que le mot *gour*, *our*,
qui fignifie un homme, & qui eft la racine
du *vir* latin, qui a la même fignification:
ainfi donc joint à la racine il forme à peu
près la même expreffion en défignant l'hom.

me qui chante, ou qui fait telle autre action ou opération.

Quant à la prononciation, une chofe, qui doit furement la faciliter & la rendre plus commode, c'eft que dans cette langue on écrit exactement comme on prononce, & qu'il faut lire tout comme on a écrit. Il ne faut fupprimer aucune lettre, mais il ne faut non plus en ajouter aucune, il faut exprimer le fon que chacune d'elles défigne, parce qu'il n'en eft aucune dans cette langue, qui foit défectueufe ou fuperflue.

Cette prononciation préfente d'abord aux perfonnes, qui n'y font pas accoutumées, des difficultés & des embarras fur-tout pour les lettres *gutturales* & *afpirées*, qui paroiffent capables de dégouter des gofiers délicats; mais ces difficultés difparoiffent bientôt, & font bien compenfées par un avantage, qui dédommage amplement. C'eft que celui, qui poſséde une fois cette langue, & qui eft bien au fait de fa prononciation, ne trouve préſqu'aucun mot en quelque *autre langue* que ce puiffe étre, qu'il ne puiffe rendre exactement & prononcer comme les nationaux.

De plus celle-ci a des qualités, que n'ont aucunes des autres, l'adouciffement en faveur du fexe féminin, la plénitude & la perfection du Verbe, les cinq degrés de comparaifon, la brieveté, l'exactitude, la régularite, la force & l'énergie; des traits de délicateffe, de fublimité & de fimplicité majeftueufe, dont on ne fauroit trouver le modele ou l'exemple dans aucune langue de la terre, ou dans aucun idiome connu. L'on peut ajouter à tout cela, que, malgré fon antiquité, elle exifte encore *vivante* & *parlée*, de forte qu'on peut, en entendant ceux qui la poffédent, fe redreffer lorfqu'on fait quelque faute, s'inftruire de plus en plus & *fe perfectionner*.

Cet effai, non obftant fa briéveté, & fon peu d'étendue, avec un *Gloffaire* ou *Dictionnaire manuel* des mots radicaux, qui pourra fuivre fans beaucoup de retardement, feroit fuffifant pour mettre au fait de cette langue & tenir lieu de ce qui manquoit jufqu'à préfent.

Il pourra de plus fervir de prélude à un ouvrage plus confidérable, & plus étendu; dans lequel en développant plus au long *les inftitutions* de la même langue par comparaifon avec ce que l'on connoit des langues des autres nations, l'on poferoit les principes fûrs de la *Grammaire univerfelle*, ouvrage que tous les favans defirent encore.

C 4

En finiffant l'auteur ne peut diffimuler, qu'il feroit content de fon travail, s'il étoit fûr, que ceux qui le liront, au moins les connoif-feurs, n'y trouveroient rien, qui put démentir cette obfervation d'un auteur moderne; ,, Que ,, lorfqu'on n'eft pas abfolument dépourvu ,, de génie, il eft auffi permis d'en mettre ,, dans un livre élémentaire, que dans tout ,, autre ouvrage de quelque genre qu'il foit.

ADDITION

De quelques mots de la langue Bretonne, pour familiarifer avec elles les autres nations, qui fe fervent, fans qu'el-les s'en doutent, de fes termes altérés ou défigurés par la prononciation.

B*é*, Celtique, fignifiant bouche, foffe, ou-verture. *bè*, le même Hebreu, Cariatharbè, ville de la foffe. *bebè, baba*, en Arabe, porte, ouverture. *baia, baia*, Latin baye, baie. *béaut*, François, gueule béante. *baia*, Italien, *baya*, Efpagnol, baye. *baye*, François, ouverture, golphe. *bai*, Anglois, *Torbai*, le même fens. *bay*. en Hollandois, *fals bay*, le même mot. *bé*, en Galibi, ouvert & plein. *bè*, en Californien, porte, ouverture. *bedd*, en Gallois, ou *bè tè*, ta foſſe, ouverture.

Dè, Celtique, jour, *dè è*, il eſt jour. *dies*, Latin, jour, *di*, Italien. *die*, Sarde. *dia*, Eſpagnol. *dai*, Anglois & Ecoſſois. *dydd*, Gallois. *dèen*, Livonien. *dè* en Celtique. *dig*, Suèdois. *dag*, Hollandois & Danois. *Tag*, Allemand. *Ta*, en Kourille. *taage*, *taaje*, en Kamſchadale.

E, en Celtique ou primitif, eſt, verbe ſubſt. *è*, en langue Hanſcrite. *eſt*, François. *eſta*, *eſte*, Eſpagnol. *eſti*, Grec. *è*, Italien. *a è*, en Braſilien, eſt elle. *èthe*, en Caldeen, toi, eſt toi. *en*, *è*, Galibi, *èn è*, Celtique, c'eſt lui. *etè*, en même langue ſign. nom, eſt toi.

Fè, Celtique ou primitif, foi. *fai*, *fei*, *feix* & *fi*, en Patois. *fè*, Eſpagnol. *fè*, Grec, *agafè*, mal prononcé *agape*. *fede*, Italien, *fe té*, Celtique, ta foi. *fite*, Patois François *fi i tè*, ta foi. *fides*, Latin, *fè i té*. *faith*, Anglois. *fi*, Irlandois, la foi. *figh*, Ecoſſois, le même mot. *ffydd*, Gallois, défiguré par l'apreté de la prononciation.

Kè, primitif, haie ou quai, enceinte, clôture. *ghè*, *hè*, même mot & mêmes ſignifications. *haie*, François, comme quai. *Caye*, au bord de la mer. *fepes*, (ou *kepès*) Latin, haie ou partie d'icelle. *herkos*, Grec, fepes. *makèra*, epée, *ma kè ra*, elle fait ma défenfe. *cheir*, la main, la haie, la défenfe allongée. *kèr*, Celtique, ville, enceinte, clôture prolongée. *kè mèn*, chemin, clôture, bordure de pierre. *kè*, en langue Hanfcrite, gage, le même que *kéach*, Breton, dette, engagement. *kèo*, *kèou*, Chinois ; les mains, les défenfes. *kèrun*, Egyptien, clôture élevée. *kèdon*, Punique ou Carthaginois, enceinte profonde. *okèen*, *okèenno*, Cophte, votre haie, vos barrieres. *tchè*, en Kourille, *té chè* ou *ké*, cloifon ou logement clos, en Celtique, ta maifon.

Lè, Celtique, le haut, le ferment, l'atteftation, de la Divinité. *lè*, en Hanfcrit, le ferment, la loi. *lex*, Latin, loi, *lè kè*, haie de la loi. *legge*, Italien, loi. *loi*, François. *lai*, *lei* & *li*, en Patois. *lei*, Efpagnol. *law*, Anglois. *lag*, dans le Nord. *lih*, Irlandois.

Mè, primitif, moi. *me*, Grec. *me*, Latin, Italien, Anglois. *me*, moi, François. *mai*, *mei*, *mi*, Patois. *my*, Breton de Galles, moi. *mig*, Suédois. *mè*, Galibi pronom adjonctif ; *apotou-mè*, *avo tou mè*, qui me couvre, grand.

Né, primitif, file ou qui file. *néo*, Grec, je file, *nethe*, file. *Athené*, Egyptien, *à tè nè*,

& toi filer. *ne*, nco, Latin, file & filer. *ara-nea*, Latin, *a ra nè*, qui fait du fil. *araignée*, François, *a ra i ké nè*, elle fait une cloifon de filature, de fil. *arachnè*, Grec, *a ra ké né*, qui fait un filet, une cloifon de fil.

Ne, négation, n'eft pas, non. *ne*, Latin. *ne*, François, *non*, nenni, *nanin*, je n'irai pas. *na*, *nicht*, Allemand, ne, non. *ne*, *no*, Efpagnol. *nao*, Portugais. *no*, *not*, Anglois. *nei*, Suédois, *non*, *nei*, Celtique, il n'eft pas. *not*, Ecoffois. *na*, Irlandois, *ne a*, Celtique, il ne va pas. *ne*, *ni*, Galibi, disjonction. *né*, en Hanfcrit, n'eft pas. *ni*, *nid*, Gallois. *nèh*, Grœnlandois, *ne hé*, n'eft pas.

Pé, Celtique, paie, Subftantif & Verbe. *pé dout*, Hebreu, redemtion. *paga*, paie, Italien, *pagat*, *pergat*, Patois. *paie*, François. *paye*, Anglois. *pagar* & *paga*, Efpagnols.

Ré, Celtique redoublement, *a ré*, encore. *re*, Latin, Italien, Efpagnol, Anglois, François, Hanfcrit. *ré*, Celtique, encore, trop.

Té, Celtique ou primitif, *toi*, pronom perfonnel. *attah*, *atthé*, Hebreu, toi, *à tè*, & toi. *athé*, Caldéen, *à té*, & toi. *té*, en Hanfcrit, tu, toi. *te*, *tu*, Latin. *te*, *tu*, *toi*, François. *fe*, Grec. *tai*, *tei*, *ti*, Patois différens, tai. *ti*, *tidi*, Gallois. *didé*, Celtique, à toi. *thei*, *thou*, Anglois. *tig*, Suédois, te, toi. *dou*, *dich*, Allemand. *tè*, Galibi, appeller, *ò tè*, o toi. *tè*, chez les Topinamboux, toi. *tehuatt*, chez les Mexicains, *té voa*, c'étoit toi.

Zè, Celtique pronom démonſtratif, ce. *ζè*, Hebreu. *ce, hicce, hæcce, hocce*, Latin, celui-là. *ce*, François. *eſſe*, Eſpagnol. *theſe, thoſe*, Anglois, celui-là, ceux-là. *dieſer, dieſé*, Allemand. *ζé*, en Hanſcrit, celà, ce.

En groſſiſſant ce dernier article des mêmes mots chez les autres nations où ils ſe retrouvent également, on l'auroit fait plus long que le reſte de l'ouvrage. Le titre, qui annonçoit de la précifion, avertit qu'il eſt tems de finir.

EXEMPLES
DE QUELQUES TEXTES BRETONS.

AR BLEI AG AN OAN.

Eur blei à éfai en eur fantan à voelas eun oan, à efai en traou ar ruzelen. To ftaet à ras dèan en coler, ag à tamalas dèan, à tevoallaai è dour. An oan évit excus à laras dèan a efai izelloh évit an, a na ellai ket an dour adpignal dé handon. Ar blei en eun hlazan a haras dàn oan, évoa ouz pènn hoeh miz an evoa drouk comzet an éan; na voan ket ganet hoas, emmè an oan. Ret è ta emmé ar blei evé ta dad pé ta vam; ag epp raifon al arbed en eun dolas voarnéan, ag en daibras evit è buniffan, ervè à laré euz à volanté fall, a çazoni è ghérent.

Traduction.

UN LOUP ET UN AGNEAU.

Un loup bûvant à la fource d'une fontaine, apperçut un agneau, qui buvoit au bas du ruif.

feau Il l'aborda tout en colere, & lui fit des reproches de ce qu'il troubloit son eau. L'agneau, pour s'excuser, lui repréfenta qu'il buvoit au deffous de lui, & que l'eau ne pouvoit rémonter vers fa fource. Le loup redoublant de rage, dit à l'agneau, qu'il y avoit plus de fix mois, qu'il avoit tenu de lui de mauvais difcours. Je n'étois pas encore né, repliqua l'agneau. Il faut dont, repartit le loup, que ce foit ton pere ou ta mere, & fans apporter d'autres raifons, il fe jetta fur l'agneau & le dévora; pour le punir, difoit-il, de la mauvaife volonté & de la haine de fes parens.

EUL LÉON O CHASSEAL GANT LOÈNET AL.

Eul léon, eun azen, ag eul louarn avoa ét o zri da chafféal, à ghèmeras eur harv à mar à loènet al. Al léon à laras dan azen ober al lodenno; èn à ras an ai égal, ag à lézas ar choaz dàr rè al. Al léon furius euz an dra zé en eun dolas voar an azén, ag en lakaas à damo. Goudé à deuas dàl louarn, ag à laras déan ober eur partach al; emman à lakaas ol en eur hofté, à na viras némert eul lodenig. Piv an euz disket did emmé al léon, partagin gant kemment à furnes? chanz fall an azen, emmé al louarn.

Traduction.

UN LION ALLANT A LA CHASSE AVEC DAUTRES BÊTES.

Un lion, un âne & un renard, étant allés de compagnie à la chasse, prirent un cerf & plusieurs autres bêtes. Le lion ordonna à l'âne de partager le butin. Il fit les parts entièrement égales, & laissa aux autres la liberté de choisir. Le lion indigné de cette égalité, se jetta sur l'âne & le mit en pièces. Ensuite il s'addressa au renard, & lui dit de faire un autre partage; mais le renard mit tout d'un côté, ne se reservant qu'une très petite portion. Qui t'a appris, lui demanda le lion, à faire un partage avec tant de sagesse? C'est la funeste avanture de l'âne, lui répondit le renard.

ARLOTTO
COMMISSIONER FALL.

Eun dèn à Itali, anvet Arlotto, aneveet evit è dariello, ag è responcho prim, en eun embarkas èvit eur vèach mor. Pedet à voé gant calz à è vignonet da brenan dai calz à drao er vro ma ai. Rein à rèjont dèan billejo, maés nà voé némert unan, énn eun avizas da rein dèan an arhant evoa ret evit pèau ar pez à

houllenai ober à ras impli arhant è den ker
ervé é urz, à na brénas mann èvit oll ar ré
all. Pa voé ariv er ghér à deujont oll dè di
èvit caout ò hamplejo. Arlotto à laras dai:
autroné pa voen el leftr à lakäis oll ò papero
voar ar pont èvit ò arrengèn; eur bar avel
à deuas, ag o ftlapas oll er mor, evel zé na
meufs ket allet derhel zonj euz ar pez evoa
voarnai. Maés unan à voé à laras dèan an
evoa digaffet mézer da ènnà ènn. Guir è, emmè Arlotto; maés paket annevoa ènn è baper
eun nombr à ducajo; ar boues à arzas an avel
da ober dai ninjal èvel o ré à voa fcanvoh;
zé à zo caouz ammeufs bet zonj euz ar pez
an evoa goulenet.

Traduction.

ARLOTTO

MAUVAIS COMMISSIONNAIRE.

Un Italien, nommé Arlotto, connu par fes
bons contes & fes plaifantes reparties, s'embar-
qua pour un voyage. Il fut prié par plufieurs
de fes amis de leur acheter toutes fortes de chofes au pays, où il alloit. Ils lui en donnèrent
des billets, mais il n'y en eut qu'un, qui s'avi-
fât de lui donner l'argent, qu'il falloit pour
payer ce qu'il demandoit. Il employa l'argent
de fon ami, comme il lui avoit commandé,

& n'acheta rien pour tous les autres. Quand il fut de retour, ils vinrent tous chez lui pour recevoir leur emplettes, & Arlotto leur dit: Meſſieurs, quand je fus embarqué, je mis tous vos mémoires ſur le pont du bateau pour les arranger; mais il ſe leva un vent, qui les emporta dans la mer, ainſi je n'ai pu me ſouvenir de ce qui étoit deſſus. Mais il y en eut un, qui lui dit, qu'il avoit bien apporté de l'étoffe à un tel. C'eſt vrai, repliqua Arlotto, mais c'eſt, qu'il avoit enveloppé dans ſon billet un nombre de ducats; la peſanteur empêcha le vent de l'emporter comme les vôtres, qui étoient légers, c'eſt pour cela, que je me ſuis ſouvenu de ce qu'il m'avoit demandé.

DIALOGUE

DU PASSANT ET DE LA TOURTERELLE.

Le paſſ.   Que fais-tu dans ces bois,
               plaintive tourterelle?

La tourt.   Je gémis, j'ai perdu ma compagne
               fidele.

Le paſſ.   Ne crains-tu pas, que l'oiſeleur ne te
               faſſe mourir comme elle?

La tourt.   Si ce n'eſt lui, ce ſera ma douleur.

D

Traduction en Celtique.

Pé dra er hoado man
À res té, turzunellig?
Dè à noz à ghèman ,
Collet emmeuſs ma faric.
Na doujès ket an dên digar,
Na rafé did mervel e velt an?
Mar n'a né én, é vezo ma hlahar.

Traduction en François.

Que fais-tu dans ces bois, petite tourte-
relle? Je gémis nuit & jour, j'ai perdu mon
époux, mon pareil. Ne crains tu pas l'homme
cruel, & qu'il ne te faſſe mourir comme lui?
Si ce n'eſt lui, ce fera ma douleur.

CHANSON LANGUEDOCIENNE.

Lou cor, que tu m'abios dounat,
   Genti paſtour, en gatge,
L'ay pas perdut, l'ay pas cambiat,
   N'ay fach un autre uſatge ;
L'ay pres, l'ay meſclat au lou miou,
Sabi pas pus, qual es lou tiou.

En Breton.

Ar galon afpoa din roet,
Ma douffig couant, da viret,
N'emmeufs collet, n'a diftroet,
N'a d'uzach fal lakaet;
Mesket emmeufs an gent mini,
N'onn kén pini et da ini.

Traduction en François.

Le cœur, que tu m'avois donné,
Ma douce amie, en gage,
Je ne l'ai perdu, ni détourné,
Ni mis à mauvais ufage;
Je l'ai mêlé avec le mien,
Je ne fais plus, quel eft le tien.

D 2

AR MAB PRODIG.

Eun dénn an éfoa daou vab, ař iaouankan à laras dè dad: ma zad, reit din al loden mado à deu din; ag o fartajas. A neubed gondé, ař mab iaouank gant é all draou à bartias évit éur vro bell ag enò a daibras, è vado en eur vevan dreiſt muzur. A pan efoé diſpignet an oll, a deüas ar ghernes er vo zé, ag à comenſas caout fod.

Ag à as, ăg èn eun la kaas en ſervi eun dénn euz ar vro zé, à énn caſſas voar ar mez da veſſa ar moh, ag an éfoa hoant dá gargan è goff, euz ar plusk à daibré ar moh, à dènn na raï déan. Kend ar fin én eun ſonjal én an è unan a laras: nag à dud à zo én ti ma zad, an euz bara ar pez à ghèront! ag amman à varvan gant an naon. Zevel à rin, ag à in dam zad, ag a larin dèan: ma

PARABOLE
DE L'ENFANT PRODIGUE.

Luc. c. 13. v. 11 - 32.

UN homme avoit deux fils, le plus jeune dit
à son pere : Mon pere, donne-moi la part
du bien qui me revient ; & le pere fit le partage.
Peu de jours après le plus jeune aiant ramaffé
tout ce qu'il avoit, partit pour un pays éloigné,
& y depenfa tout son bien en vivant dans la
débauche. Après qu'il eut diffipé tout, il fur-
vint une grande famine dans ce pays, & il
commença à être dans l'indigence.

Alors il s'en alla, & se mit au service d'un
des habitans de ce pays, qui l'envoya à fa maifon des champs, pour y garder les cochons, &
il defiroit de pouvoir se raffafier des écoffes, que
les cochons mangeoient, & perfonne ne lui en
donnoit. A la fin rentrant en lui même il dit :
Qu'il y a de gens à gages dans la maifon de
mon pere, qui ont du pain en abondance ! &
moi je meurs ici de faim ! Je vei partir &
j'irai vers mon pere, & je lui dirai : mon

zad, pehet emmeuz ouz an ev, à dirag
oh. Na véritan kên bèan galvet o mab,
leket anon evel unan à o mitigien. Ag en
eun zével à deüas da è dad. Pa voa pèll
hoas, è dad à voèlas an éan, à leun à druez
à rédas, ag ag enn briataas, ag à pokas déan.
Ar mab à laras: ma zad, pehét emmeuz ouz
an ev, à dirag oh, na n'on kén dign da
véan anvet ò map.

An tad à laras daé vitijen, dîgasſet rak-
tal ar gaèran zai, ag hé gouisket déan, leket
eur bizaour voar è vis à botto èn è dréid;
à digaſſet al loué lard, à lahet an, ma dai
promp, à ma réfomp feſt. Rag ar mab, man
din, èvoa marv, ag an euz adbévet, collet
évoa, ag é adcavet.

Ag à commansjont da ober chér vad, è vap
énan évoa er parko, à pa deuai, agà toſtaai
dàn ti à glévas ar jubans à trouz an danſo.
Ag à halvas unan euz ar vitigien, ag a
houllas diant an pétra à voa zé ? ag à laras
ennes déan : ariv è o preur, ag an euz groet
ò tad lahan al loué lard, en aſcont è retornet iah.

pere, j'ai peché contre le ciel, & devant vous. Je ne ſuis plus digne d'être appellé votre fils, mais traitez-moi comme un de vos ſerviteurs à gages. Et ſur le champ il partit, & vint vers ſon pere. Lorſqu'il étoit encore loin, ſon pere l'apperçut, & fut touché de compaſſion, & courant à lui, il ſe jetta à ſon col, & l'embraſſa tendrement. Son fils lui dit: mon pere, j'ai pechè contre le ciel, & contre vous, & je ne mérite plus d'être appellé votre fils.

Le pere dit à ſes domeſtiques: apportez vite la plus belle robe, mettez la lui, & une bague au doigt & des ſouliers aux pieds; & amenez le veau gras, & le tués, pour que nous faſſions bonne chere, & que nous nous rejouiſſions. Car mon fils, que voici, étoit mort, & il eſt reſſuſcité, il étoit perdu, & il eſt retrouvé.

Or ſon fils ainé étoit dans les champs, &, lorſqu'il venoit & qu'il étoit près de la maiſon, il entendit la ſymphonie & le bruit de ceux qui danſoient. Il appella donc un des ſerviteurs, & lui demanda ce que c'étoit? & ce domeſtique lui dit: votre frere eſt revenu, & votre pere a fait tuer le veau gras, parce qu'il eſt revenu ſain & ſauf.

Ma hlazas, à na deur vée ket antrènn. è
dad èt er mez, en eun lakaas dè bedin. Ag
èn èn eun ghèmer ar goms à laras da é dad:
chetu kement à vlaio a zo o fervijan, bifcoas
na meuz trémenet oh urzo, a nèp goez nò
heuz roet din eur mènn da daibrin gant ma
mignoned ; maes panné ariet ar mab man dah,
an euz daibret è vado gant plahed fall, à
heuz lahet èvit an al loué lard.

Maés èn à laras dèan : ma map, houi à zo
ghènin bep coulz, à kèment emmeuz à zo dáh ;
maes ret à voa ober feft, à joa, rag o
preur man evoa marv, ag è adbévet, collet
évoa, ag é adcavet.

Ce qui l'aiant faché, il ne vouloit pas entrer ; son pere sortit & se mit à l'en prier. Le fils aîné en prenant la parole dit à son pere : voilà déja tant d'années que je vous sers, jamais je ne vous ai désobéï en rien, & jamais néantmoins vous ne m'avez donné un chevreau pour le manger avec mes amis ; mais aussi-tôt que votre autre fils, qui a mangé son bien avec des femmes perdues, est arrivé, vous avés fait tuer pour lui le veau gras.

Le pere lui repondit : mon fils, vous êtes toujours avec moi, & tout ce que j'ai est à vous ; mais il falloit faire un festin, & nous rejouir, parce que votre frere, que voici, étoit mort, & il est revenu à la vie ; il étoit perdu, & il est retrouvé.

VOCABULAIRE.

Breton.	François.	Breton.	François.
Doué,	*Dieu*	an dé,	*le jour*
crouer,	*createur*	an noz,	*la nuit*
ganadur,	*la nature*	ar beuré,	*le matin*
an el,	*l'ange*	creiz dè,	*le midi*
ar speret,	*l'esprit*	gousper,	*le soir*
an eaòl,	*le soleil*	eun eur,	*une heure*
al loar,	*la lune*	déh,	*hier*
stéren,	*étoile*	dehandéh,	*avant hier*
astr,	*astre*	ar hoas,	*demain*
an ev,	*le ciel*	i div,	*aujourd'hui*
an air,	*l'air*	eur miz,	*un mois*
an douar,	*la terre*	eur bla,	*un an*
ar mor,	*la mer*	an anv,	*le printems*
an tan,	*le feu*	ar gouanv,	*l'hyver*
an dour,	*l'eau*	an est,	*l'été*
an avel,	*le vent*	an éré,	*l'automne*
goabre,	*nuage*	ar zun,	*la semaine.*
ar glav,	*la pluie*	di sul,	*dimanche*
taken,	*goutte*	di lun,	*lundi*
ar gliz,	*la rosée*	dè meurs,	*mardi*
oraj,	*orage*	dè merher,	*mercredi*
curuno,	*tonnerre*	di ziou,	*jeudi*
ar grizil,	*la grêle*	dèrguener,	*vendredi*
luhet,	*éclair*	dè sadorn,	*samedi*
ar scorn,	*la glace*	ar vué,	*la vie*
ar rev,	*la gelée*	ar marv,	*la mort*
tom,	*chaud*	huel,	*haut*
ien,	*froid*	izel,	*bas*

Breton.	François.	Breton.	Françoie.
créh,	*hauteur*	jardin,	*jardin*
rohel,	*rocher*	fleur,	*la fleur*
méné,	*montagne*	ar voenn,	*l'arbre*
kér,	*ville*	ar grouien,	*la racine*
or,	*porte*	ar brank,	*la branche*
caftel,	*château*	ar bluskenn,	*l'écorce*
ti,	*maifon*	ar voenn craou,	*le noier*
bourg,	*bourg*	ar zap,	*le fapin*
an aour,	*l'or*	an halec,	*le faule*
an arhant,	*l'argent*	an tillen,	*le tilleul*
ar houevr,	*le cuivre*	ar vouinen,	*la vigne*
ar fténn,	*l'étain*	ar dairv,	*le chene*
ar plomm,	*le plomb*	an till,	*l'orme*
an ouarn,	*le fer*	ar goern,	*l'aulne*
ar gouer,	*le verre*	an onn,	*le fréne*
guenn,	*blanc*	an fpern,	*l'épine*
du,	*noir*	an avalen,	*le pommier*
melen,	*jaune*	ar péren,	*le poirier*
glaz,	*bleu*	évened,	*oifeaux*
brun,	*brun*	an ezr,	*l'aigle*
griz,	*gris*	ar fparfel,	*l'épervier*
prat,	*pré*	ar vaou,	*le vautour*
foen,	*foin*	an evoéder,	*l'alouette*
plouz,	*paille*	ar houaill,	*la caille*
park,	*champ*	ar hluchiar,	*la perdrix*
it,	*bled*	an ouat,	*le canard*
guen it,	*froment*	ouat gue,	*can. fauvage*
zégal,	*feigle*	ar hog, coq,	*le coq*
ei,	*orge*	ar iar,	*la poule*
kerh,	*avoine*	iar dour,	*poule d'eau*
piz,	*pois*	ar vrán,	*le corbeau*
fav,	*fève*	ar gavan,	*la corneille*
lannec,	*lande*	ar fovin,	*la fauvette*
çouad,	*bois*	ar guighin,	*le geai*

Breton.	François.	Breton.	François.
ar gaouenn,	*le hibou*	ar vouiz,	*la truie*
ar gouenèri,	*l'hirondelle*	ar honnifl,	*le lapin*
ar voelh, moelh,	*le merle*	ar had, gad,	*le lievre*
ar penn glaou,	*la mesange*	al léon,	*le lion*
ar golven,	*le moineau*	ar blei,	*le loup*
ar voa,	*l'oie*	ar bleies,	*la louve*
ar gluchiar,	*la perdrix*	an ourz,	*l'ours*
ar goulm,	*le pigeon*	al louarn,	*le renard*
ar hudon, cudon,	*le ra-*	an ouh goué,	*le sanglier*
	mier	al logodénn,	*la souris*
ar beg,	*le bec*	ar raz,	*le rat*
an askel,	*l'aile*	an tarv,	*le taureau*
ar pao,	*la griffe*	— ar vuoh, buoh,	*la vache*
ar bluen,	*la plume*	al loué,	*le veau*
an u,	*l'oeuf.*	ar glânn,	*la laine*
an nez,	*le nid*	ar hern, kern,	*les cornes*
ar pesk,	*le poisson*	ar jaoutten,	*la hure*
an arink,	*le hareng*	an tousfeg,	*le crapaud*
ar becket,	*le brochet*	an naher,	*la couleuvre*
ar balem,	*la baléne*	ar zerpénn,	*le serpent*
ar ghéorenn,	*l'écrevisse*	ar vouenanen,	*l'abeille*
al loënn,	*la béte*	ar gheillonen,	*la mouche*
an oan,	*l'agneau*	ar ghevniden,	*l'araignée*
an azen,	*l'asne*	ar verionen,	*la fourmi*
ar maout,	*le belier*	ar houil,	*le hanneton*
an ohan,	*le bœuf*	al laouen,	*le pou*
ar bouh,	*le bouc*	ar houenen,	*la puce*
an danvad,	*la brebis*	an dorlosken,	*la punaise*
ar harv, carv,	*le cerf*	an artouz,	*la teigne*
an éies,	*la biche*	ar prenv,	*le ver*
ar marh,	*le cheval*	ar velven,	*le limas*
ar hi, ki,	*le chien*	ar horf, corf,	*le corps*
ar haz, caz,	*le chat*	ar hrohen,	*la peau*
an ouh,	*le cochon*	ar pénn,	*la tête*

Breton.	François.	Breton.	François.
ar faſs,	*le viſage*	ar hof, cof,	*le ventre*
an tal,	*le front*	ar hoſto, coſto,	*les côtes*
al lagad,	*l'œil*	ar hoſté, coſté,	*le côté*
an daou lagad,	*les yeux*	ar raĉor,	*le derriére*
an abranto,	*les ſourcils*	ar morzeddo,	*les cuiſſes*
ar malvenno,	*les paupieres*	an daouhlin,	*les genoux*
an div skouern,	*les oreilles*	ar har, gar,	*la jambe*
ar blev,	*les cheveux*	an talon,	*le talon*
ar jodo,	*les joues*	an troad,	*le pied*
ar fri,	*le nez*	croguen ar pénn,	*le crâne*
ar ghéno,	*la bouche*	en enpénn,	*le cerveau*
ar muzello,	*les lèvres*	ar goad,	*le ſang*
an dent,	*les dents*	ar goad zic,	*les veines*
ar hil dent,	*les groſſes*	ar halon, calon,	*le cœur*
	dents	ar skèvent,	*les poumons*
kig an dent,	*les gencives*	poul ar galon,	*l'eſtomac*
ar harvann,	*les machoires*	ar gorzaillen,	*le gozier*
an teaod,	*la langue*	an avu,	*le foie*
ar gronch,	*le menton*	ar veſtt,	*le fiel*
ar barv,	*la barbe*	ar felh,	*la rate*
ar goug,	*le cou*	ar boello,	*les boiaux*
ar javè,	*la gorge*	ar houézan,	*la ſueur*
an div skoua,	*les épaules*	ar paz,	*la toux*
at hein, kein,	*le dos*	eun dén,	*un homme*
an div vréh,	*les bras*	eun denès, vroèg,	*une*
an ilin,	*le coude*		*femme*
ar pugno,	*les poings*	eur bughel,	*un enfant*
an dorn,	*la main*	eur potr,	*un garçon*
an dorn dev,	*la droite*	eur plah,	*une fille*
an dorn clé,	*la gauche*	barner,	*juge*
ar bizied, biz,	*les doigts*	barn,	*jugement*
at meud,	*le pouce*	bélec,	*prétre*
ar peuttrin,	*la poitrine*	lenner,	*lecteur*
an ifino,	*les ongles*	méder,	*métaier*

Breton.	François.	Breton.	François.
all ar,	*charrue*	recev,	*recevoir*
charéer,	*charretier*	arat,	*labourer la terre*
labourer,	*laboureur*	gonnit,	*femer du bled*
car,	*charrette*	delhel,	*tenir*
rod,	*roue*	tèrin,	*rompre*
meffaer,	*berger*	cuzan,	*cacher*
falh,	*faulx*	diorin,	*ouvrir*
falher,	*faucheur*	zèrin,	*fermer*
brafs	*grand*	mégan,	*falir*
bian,	*petit*	netta,	*nettoier*
tenv,	*gros*	guelhan,	*laver*
dru,	*gras*	prénan,	*acheter*
treut,	*maigre*	gouerzan,	*vendre*
crenv,	*fort*	muzurin,	*mefurer*
dinerz,	*foible*	poëzan,	*pefer*
caer,	*beau*	trok,	*trocquer*
vil,	*laid*	trompan,	*tromper*
ar roué,	*le roi*	dall,	*aveugle*
ar rouanes,	*la reine*	camm,	*boiteux*
ar prins,	*le prince*	Born,	*borgne*
an duk,	*le duc*	tort,	*boffu*
ar marquis,	*le marquis*	moal,	*chauve*
ar hont,	*le comte*	zourd, bouzar,	*fourd*
ar befcont,	*le vicomte*	eur geant,	*un géant*
labourad,	*travailler*	tad coz,	*aieul*
touch,	*toucher*	tad cun,	*bifajeul*
ftagan,	*lier*	tad,	*pere*
lammel,	*oter*	mam,	*mere*
loska,	*lacher*	mam goz,	*grande mere*
kemmer,	*prendre*	ar mab,	*le fils*
laèrcs,	*dérober*	ar verh, merh,	*la fille*
rogan,	*déchirer*	merh vian,	*la petite fille*
pedin,	*prier*	ar breur,	*le frere*
pad,	*durer*	ar hoar,	*la fœur*

Breton.	*François.*	Breton.	*François.*

an eontr, *l'oncle*
ar voérep, *la tante*
an niz, *le neveu*
an nizes, *la niece*
ar hinderv, *le cousin*
ar ghinderres, *la cousine*
    ou kininterv
an dimein, *le mariage*
ar bromessé, *les fian-*
    çailles
an euret, *les nôces*
ar pried, *l'époux*
ar vroec, *l'épouse*
an dén kér, *l'ami*
eur zai, *un habit*
eun tog, *un chapeau*
eur bonnet, *un bonnet*
ar vesten, *la veste*
ar brago, *les culottes*
al loéro, *les bas*
ar botto, *les souliers*
ar roched, *la chemise*
ar boutono, *les boutons*
ar godel, *la poche*
ar hòuès fri, *le mouchoir*
ar bizaour, *la bague*
guiskan, *habiller*
guiskamant, *habillement*
ar grib, *le peigne*
cribat, *prigner*
couéf, *la coeffe*
ar gouél, *le voile*
ar jakeden, *la robbe*
ar zizail, *les cizeaux*

dins, *le dé*
beskén, *dé à coudre*
an nadoé, *l'aiguille*
an neud, *le fil*
an ti, *la maison*
an or, *la porte*
an alhoué, *la clef*
ar feneitr, *la fenêtre*
ar poél, *le poële*
ar ghiguin, *la cuisine*
ar hav, cav, *la cave*
ar graniel, *le grenier*
ar voguer, *le mur*
an douen, touen, *le toit*
ar mên, *la pierre*
ar ra, *la chaux*
an treust, *la poutre*
an daol, taol, *la table*
ar mézellour, *le miroir*
ar gador, *le siege*
an arh, *le coffre*
ar gonelé, *le lit*
al loa, *la cuillier*
ar fourchettes, *la four-*
    chette
ar gontel, contel, *le*
    couteau
ar gouin, ouin, *le vin*
ar bier, *la biere*
ar bara, *le pain*
ar hig, kig, *la viande*
laez, *du lait*
bivin, *du bœuf*
maout, *du mouton*

Breton.	François.	Breton.	François.
kig-goué,	*du gibier*	ef,	*boire*
piz,	*des pois*	difiun,	*déjeuner*
fav,	*des feves*	leinan,	*diner*
riz,	*du riz*	advern,	*gouter*
olén,	*du fel*	couan, coan,	*fouper*
gouinaigr,	*du vinaigre*	ar foén,	*le foin*
fevn,	*de la moutarde*	ar plouz,	*la paille*
oignon,	*des oignons*	ar brénn,	*le fon*
kig fal,	*du lard*	at rengenno,	*les rénes*
kignen,	*de l'ail*	ar brid,	*la bride*
perfil,	*du perfil*	an dibr,	*la felle*
freuz,	*fruit*	ar gabreften,	*le licou*
keres,	*des cerifes*	ar fcourgé,	*le fouet*
an aval,	*la pomme*	car, carr i od,	*le chariot*
ar béren, pér,	*la poire*	canan,	*chanter*
raifin,	*du raifin*	danfal, balad,	*danfer*
craou,	*des noix*	faill,	*fauter*
figues,	*des figues*	houari,	*jouer*
fivi,	*des fraifes*	fcrivan,	*écrire*
mouar,	*des mures*	lenn,	*lire*
debr,	*manger*	achivin,	*finir*

KENT AR FIN A DREUZAN.

Se vend en commiffion
à STRASBOURG chez J. F. STEIN.